学校寄席に挑戦！

林家きく姫の

みんなが元気になる女性落語家入門

監修／林家きく姫

出演／林家きく姫

編・著／こどもくらぶ

彩流社

はじめに

落語《らくご》ができたのは、江戸時代《えどじだい》です。江戸時代《えどじだい》は、それまでの時代《じだい》と異《こと》なり、３００年《ねん》あまりの長《なが》いあいだにわたり、戦乱《せんらん》がなく、商業《しょうぎょう》や工業《こうぎょう》が発展《はってん》し、さまざまな文化《ぶんか》が花開《はなひら》きました。落語《らくご》も、そうした文化《ぶんか》のひとつです。

現在《げんざい》、落語《らくご》の話《はなし》は、約千《やくせん》あります。たいていの話《はなし》には、しっかり者《もの》、おっちょこちょいな人《ひと》、ぼうっとした人《ひと》、あわてんぼう、けちんぼう、そしておおらかな人《ひと》など、個性豊《こせいゆた》かな人《ひと》たちが登場《とうじょう》します。それらの登場人物《とうじょうじんぶつ》がおりなすこっけいな話《はなし》、とぼけた話《はなし》などが、落語《らくご》というものです。話《はなし》をするのは、たったひとりの落語家《らくごか》です。ひとりが何人《なんにん》かの役《やく》をするのも、落語《らくご》のおもしろさです。落語《らくご》の歴史上《れきしじょう》、長《なが》いあいだ、演《えん》じ手《て》は男性《だんせい》だけでした。言葉《ことば》づかいやしぐさは、すべて男性《だんせい》のもので、落語《らくご》を演《えん》じるのは、女性《じょせい》には不向《ふむ》きでした。ところが近年《きんねん》、そうした常識《じょうしき》にとらわれず、落語《らくご》の世界《せかい》に飛《と》びこむ女性《じょせい》があらわれてきたのです。その第一号《だいいちごう》は、１９７５年《ねん》に京都《きょうと》で初舞台《はつぶたい》をおこなった露《つゆ》の都師匠《みやこししょう》とされています。その後《ご》、多《おお》くの女性落語家《じょせいらくごか》が誕生《たんじょう》しましたが、それは、長《なが》い落語《らくご》の歴史《れきし》のなかで、ごく最近《さいきん》のできごとです。

林家《はやしや》きく姫師匠《ひめししょう》は、古《ふる》くから伝《つた》わる「古典落語《こてんらくご》」を得意《とくい》とする女性落語家《じょせいらくごか》です。落語《らくご》の伝統《でんとう》をたいせつにしながらも、話《はなし》に出《で》てくる男性《だんせい》の登場人物《とうじょうじんぶつ》を女性《じょせい》にしたり、せりふをかえたりして、独自《どくじ》の落語《らくご》の世界《せかい》をつくっています。バスガイドやＯＬ《オーエル》（女性会社員《じょせいかいしゃいん》）など、古典落語《こてんらくご》にはない人物《じんぶつ》を演《えん》じて客席《きゃくせき》をわかせることもあります（→P9）。女性落語家《じょせいらくごか》が活躍《かつやく》することで、今《いま》、落語《らくご》はどんどん進化《しんか》しています。

この本《ほん》では、女性落語家《じょせいらくごか》の演技《えんぎ》の工夫《くふう》やおもしろさを、林家《はやしや》きく姫師匠自身《ひめししょうじしん》が登場《とうじょう》して紹介《しょうかい》してくれます。みなさんは、落語《らくご》という日本《にほん》の伝統文化《でんとうぶんか》を楽《たの》しみながら、それらをとおして日本人《にほんじん》の「男女《だんじょ》の同《おな》じとちがい」についても考《かんが》えてみてはどうでしょう。

こどもくらぶ

もくじ

パート2のマークの見方《みかた》

せりふをいう登場人物《とうじょうじんぶつ》と顔《かお》の向《む》きを示《しめ》したイラストです。

このせりふにつけるしぐさの写真《しゃしん》の番号《ばんごう》です。

このマークのあるところでは、次《つぎ》のせりふをいう前《まえ》に、少《すこ》し間《ま》をあけます。

せりふをいう際《さい》の表情《ひょうじょう》や、しぐさです（演《えん》じる際《さい》には読《よ》まない）。

むずかしい言葉《ことば》には★をつけて、ページ下部《かぶ》で解説《かいせつ》をしています。

演《えん》じる際《さい》に参考《さんこう》にしたい登場人物《とうじょうじんぶつ》の心情《しんじょう》や考《かんが》え、演技《えんぎ》をじょうずに見《み》せるためのポイントです。

登場人物《とうじょうじんぶつ》の気持《きも》ちをマークで示《しめ》しています。

- 平静《へいせい》
- うれしい
- おこっている
- 悲《かな》しい
- びっくり
- あきれる
- こまっている
- わからない

動作《どうさ》について解説《かいせつ》します。

落語《らくご》を演《えん》じる最大《さいだい》のコツは大《おお》きな声《こえ》でしゃべること。せりふをまちがえてもかまわない！元気《げんき》よく演《えん》じよう！

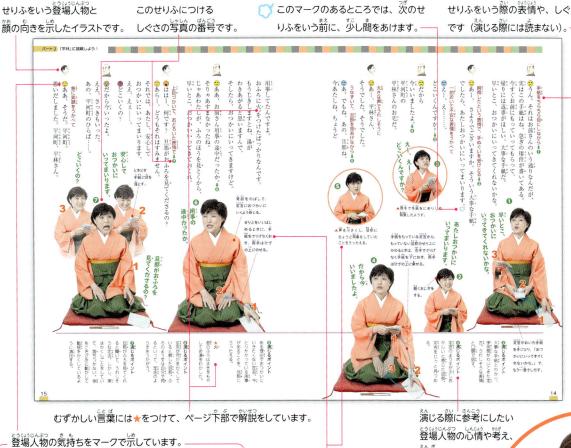

1 女性落語家《じょせいらくごか》の歴史《れきし》

現在《げんざい》、全国《ぜんこく》には約《やく》620人《にん》のプロの落語家《らくごか》がいます。そのうち、女性《じょせい》は35人《にん》ほどです＊。

＊一般社団法人落語協会《いっぱんしゃだんほうじんらくごきょうかい》、公益社団法人落語芸術協会《こうえきしゃだんほうじんらくごげいじゅつきょうかい》、公益社団法人上方落語協会《こうえきしゃだんほうじんかみがたらくごきょうかい》に所属《しょぞく》する人数《にんずう》。これらの団体《だんたい》に所属《しょぞく》せずに活動《かつどう》するプロもいる。

女性落語家《じょせいらくごか》の登場《とうじょう》

落語《らくご》には、江戸《えど》（東京《とうきょう》）で誕生《たんじょう》した「江戸落語《えどらくご》」と、上方《かみがた》（京都《きょうと》や大阪《おおさか》およびその周辺《しゅうへん》）で誕生《たんじょう》した「上方落語《かみがたらくご》」があります。どちらも400年以上《ねんいじょう》の歴史《れきし》がありますが、その長《なが》い歴史《れきし》のなかで最初《さいしょ》の女性落語家《じょせいらくごか》が登場《とうじょう》したのは、上方落語《かみがたらくご》から（→「はじめに」）。江戸落語《えどらくご》では、はじめて女性《じょせい》の真打《しんうち》（江戸落語《えどらくご》の最高位《さいこうい》の身分《みぶん》）が誕生《たんじょう》したのは、1993年《ねん》のことでした。

なお、2015年現在《ねんげんざい》、江戸落語《えどらくご》では約《やく》300人《にん》の真打《しんうち》のなかで、女性《じょせい》はわずか7人《にん》だけです！

ワンポイント講座《こうざ》　江戸落語《えどらくご》と上方落語《かみがたらくご》の制度《せいど》のちがい

江戸落語《えどらくご》と上方落語《かみがたらくご》では、制度《せいど》がちがいます。江戸《えど》では「前座《ぜんざ》」から「二《ふた》つ目《め》」、「真打《しんうち》」へと昇進《しょうしん》し、真打《しんうち》になってはじめて一人前《いちにんまえ》の落語家《らくごか》として認《みと》められます。一方《いっぽう》、上方落語《かみがたらくご》には、江戸落語《えどらくご》のような制度《せいど》はなく、入門《にゅうもん》した時点《じてん》で「落語家《らくごか》」を名乗《なの》り、修行《しゅぎょう》をつんでいきます。

わたしが真打《しんうち》に昇進《しょうしん》したのは2001年《ねん》。林家木久扇師匠《はやしやきくおうししょう》に弟子《でし》入りして、14年間修行《ねんかんしゅぎょう》して念願《ねんがん》がかなったの。東京《とうきょう》の女性落語家《じょせいらくごか》としては4人目《にんめ》でした。

江戸落語初《えどらくごはつ》の女性真打《じょせいしんうち》

三遊亭歌る多《さんゆうていかるた》（1962年生《ねんう》まれ）

1981年《ねん》、三代目三遊亭圓歌《さんだいめさんゆうていえんか》に入門《にゅうもん》。1987年《ねん》に二《ふた》つ目《め》、1993年《ねん》に真打《しんうち》に昇進《しょうしん》。2010年《ねん》には落語協会《らくごきょうかい》の理事《りじ》に就任《しゅうにん》した。2015年現在《ねんげんざい》、3人《にん》の女性《じょせい》の弟子《でし》（二《ふた》つ目《め》）をかかえている。

古今亭菊千代《ここんていきくちよ》（1956年生《ねんう》まれ）

1984年《ねん》、二代目古今亭圓菊《にだいめここんていえんぎく》に入門《にゅうもん》。1988年《ねん》に二《ふた》つ目《め》、1993年《ねん》に真打《しんうち》に昇進《しょうしん》。古典落語《こてんらくご》だけでなく、手話落語《しゅわらくご》などにもとりくんでいる。また「男女共同参画《だんじょきょうどうさんかく》」をテーマとした講演《こうえん》も多《おお》い。

女性《じょせい》落語家《らくごか》がいなかった理由《りゆう》

長《なが》いあいだ落語《らくご》が男性《だんせい》だけの世界《せかい》だった理由《りゆう》には、次《つぎ》のような事情《じじょう》が関係《かんけい》していたといわれています。

- 落語《らくご》は、男性《だんせい》がつくりあげた芸能《げいのう》である。
- 男性《だんせい》の視点《してん》で語《かた》る物語《ものがたり》が多《おお》く、女性《じょせい》だと演《えん》じにくい。
- 落語家《らくごか》になるには師匠《ししょう》に入門《にゅうもん》する必要《ひつよう》がある。しかし、男性《だんせい》ばかりの世界《せかい》での修行《しゅぎょう》は女性《じょせい》にとってきびしく、入門《にゅうもん》しても長《なが》く続《つづ》かず、真打《しんうち》（江戸落語《えどらくご》）になるまでにはいたらなかった。
- 男性《だんせい》の師匠《ししょう》にとっても、女性《じょせい》の弟子《でし》に芸《げい》を教《おし》えるのは前例《ぜんれい》がなく、育成《いくせい》がむずかしかった。

それでも近年《きんねん》、女性《じょせい》の社会進出《しゃかいしんしゅつ》が加速《かそく》してきたこともあいまって、落語界《らくごかい》にも女性《じょせい》が登場《とうじょう》。男性中心《だんせいちゅうしん》のなかで努力《どりょく》を重《かさ》ねて、さまざまな障壁《しょうへき》を乗《の》りこえた女性《じょせい》たちがあらわれたのです。彼女《かのじょ》たちは伝統的《でんとうてき》な演技《えんぎ》に加《くわ》え、それぞれに自分《じぶん》だけの落語《らくご》の演《えん》じ方《かた》を見《み》いだしています。

今《いま》、そうした女性落語家《じょせいらくごか》の先駆者《せんくしゃ》たちの活躍《かつやく》が落語界《らくごかい》にあらたな女性入門《じょせいにゅうもん》希望者《きぼうしゃ》をよんでいます。今後《こんご》も女性落《じょせいらく》語家《ごか》がさらに増《ふ》えることが期待《きたい》されています。

上方落語初《かみがたらくごはつ》の女性落語家《じょせいらくごか》

露《つゆ》の都《みやこ》（1956年生《ねんう》まれ）

1974年《ねん》、二代目露《にだいめつゆ》の五郎兵衛《ごろべえ》に入門《にゅうもん》。1975年《ねん》に初高座《はつこうざ》にあがる。1991年《ねん》に史上初《しじょうはつ》の「東西女流落語会《とうざいじょりゅうらくごかい》」を主催《しゅさい》（現在《げんざい》も継続《けいぞく》）。2008年《ねん》に上方落語協会理事《かみがたらくごきょうかいりじ》に就任《しゅうにん》。

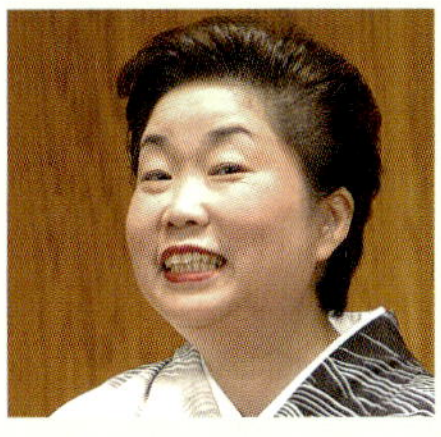

ワンポイント講座《こうざ》　ドラマ「ちりとてちん」で注目《ちゅうもく》！

2007年《ねん》に放送《ほうそう》されたNHK《エヌエイチケイ》の朝《あさ》の連続《れんぞく》テレビドラマ「ちりとてちん」は、福井県出身《ふくいけんしゅっしん》の内気《うちき》な女性主人公《じょせいしゅじんこう》が大阪《おおさか》の落語家《らくごか》に入門《にゅうもん》するという話《はなし》でした。主人公《しゅじんこう》の和田喜代美《わだきよみ》は、男性《だんせい》ばかりの伝統的《でんとうてき》な落語《らくご》の世界《せかい》にとまどいながら修行《しゅぎょう》にはげみ、女性落語家《じょせいらくごか》として成長《せいちょう》していきます。このドラマがきっかけで落語《らくご》ブームがおこり、大学《だいがく》の落語研究会《らくごけんきゅうかい》に参加《さんか》する女性《じょせい》やプロの落語家《らくごか》に入門《にゅうもん》する女性《じょせい》も増《ふ》えたといわれています。なお、福井県《ふくいけん》では、このドラマにちなんでアマチュアの女性落語家《じょせいらくごか》を対象《たいしょう》にした「ちりとてちん杯《はい》」が毎年開《まいとしひら》かれています。

写真提供：ちりとてちん杯全国女性落語大会実行委員会

▲2015年《ねん》におこなわれた第《だい》8回《かい》ちりとてちん杯《はい》のようす。

2 女《じょ》性《せい》落《ら》語《ご》家《か》の特徴《とくちょう》

落語家《らくごか》は和服《わふく》（着物《きもの》）を着《き》て、扇子《せんす》と手《て》ぬぐいをもって高座《こうざ》（舞台《ぶたい》）にあがります。女性落語家《じょせいらくごか》は女性《じょせい》用《よう》の着物《きもの》を着《き》るのがふつうですが、なかには男性用《だんせいよう》の着物《きもの》を着《き》て演《えん》じる人《ひと》もいます。

扇子《せんす》
帯《おび》には扇子《せんす》をはさむ。高座《こうざ》ではざぶとんの前《まえ》におくことも多《おお》い。

手《て》ぬぐい
手《て》ぬぐいは、袖《そで》のなかにしまうか、懐《ふところ》に入《い》れる。

袴《はかま》
きく姫師匠《ひめししょう》の場合《ばあい》は、はげしい動《うご》き・演技《えんぎ》がしやすくなるように、高座《こうざ》ではかならず袴《はかま》を身《み》につける。

足袋《たび》

帯《おび》
女性《じょせい》の場合《ばあい》は、帯《おび》はおなかより上《うえ》の位置《いち》でしめる。

おはしょり
女性用《じょせいよう》の着物《きもの》は、帯《おび》の下《した》で折《お》りかえして「おはしょり」をつくり、丈《たけ》の長《なが》さを調整《ちょうせい》する。

▲袴《はかま》をはいていない場合《ばあい》の女性《じょせい》の着物姿《きものすがた》。

女性用《じょせいよう》の着物《きもの》

女性用《じょせいよう》の着物《きもの》は、男性《だんせい》よりも種類《しゅるい》や形《かたち》が多《おお》くありますが、着物《きもの》を自由《じゆう》に選《えら》べるのは、二《ふた》つ目《め》（→P4）以上《いじょう》です。修行中《しゅぎょうちゅう》の前座《ぜんざ》は、女性《じょせい》でも男性用《だんせいよう》の地味《じみ》な柄《がら》

の着物《きもの》を着《き》ます。きらびやかで派手《はで》な着物《きもの》を着《き》ることは許《ゆる》されていません。

振《ふ》り
女性用《じょせいよう》の着物《きもの》には振《ふ》りがある。

身八《みや》つ口《くち》
女性《じょせい》の着物《きもの》は胴《どう》のわきがあいている。

家紋《かもん》
代《だい》だい伝《つた》えられている、その家《いえ》の印《しるし》。家紋《かもん》を入《い》れた色無地《いろむじ》（柄《がら》がなくて黒《くろ》以外《いがい》の色《いろ》のもの）の着物《きもの》は、セミフォーマル（正《せい》式《しき》の礼装《れいそう》に対《たい》して、簡略《かんりゃく》にした礼装《れいそう》）といわれる。

▲色《いろ》あざやかな、きく姫師匠《ひめししょう》の手《て》ぬぐい。

ワンポイント講座《こうざ》 「宝塚方式《たからづかほうしき》」で演《えん》じる場合《ばあい》も

女性落語家《じょせいらくごか》のなかには、男性用《だんせいよう》の着物《きもの》を着《き》て演《えん》じる人《ひと》もいます。女性用《じょせいよう》の着物《きもの》で男性役《だんせいやく》を演《えん》じた場合《ばあい》、違和感《いわかん》をもつ観客《かんきゃく》も少《すく》なからずいます。そのためあえて男性用《だんせいよう》の着物《きもの》を着《き》て、宝塚歌劇団《たからづかかげきだん》のように女性《じょせい》が男性《だんせい》になりきって演《えん》じるというわけです。

撮影：桜庭宏紀

▲男性用《だんせいよう》の着物《きもの》を着《き》て演《えん》じる桂右團治師匠《かつらうだんじししょう》。

▲男性用《だんせいよう》の着物《きもの》（林家木久扇《はやしやきくおう》師匠《ししょう》）。帯《おび》はおなかの下《した》・腰《こし》骨《ぼね》の上《うえ》あたりでしめる。

3 女性《じょせい》落語家《らくごか》のいろんな演技《えんぎ》を見《み》てみよう！

落語《らくご》の最大《さいだい》の特徴《とくちょう》は、ひとりの落語家《らくごか》が老若《ろうにゃく》男女《なんにょ》を何役《なんやく》も演《えん》じわけることだといいます。きく姫師匠《ひめししょう》は、それぞれの人物《じんぶつ》をわかりやすく表現《ひょうげん》するためにさまざまな工夫《くふう》をしています。

演技《えんぎ》の工夫《くふう》

落語《らくご》における伝統的《でんとうてき》なしぐさは、基本的《きほんてき》にはだれが演《えん》じても同《おな》じですが、落語家《らくごか》はそれぞれに工夫《くふう》をこらして独自《どくじ》の表現《ひょうげん》をします。きく姫師匠《ひめししょう》の演出《えんしゅつ》を見《み》てみましょう。ただし、きく姫《ひめ》師匠《ししょう》の演出《えんしゅつ》は、ひとりの落語家《らくごか》の工夫《くふう》であって、女性《じょせい》ならではの演出《えんしゅつ》というものではありません。

◆笑《わら》う（男性《だんせい》）

おなかをかかえ、豪快《ごうかい》な笑《わら》いを表現《ひょうげん》する。

わっはっは！
ありゃ、何《なん》だ！
2
1

●男性落語家《だんせいらくごか》とくらべてみよう
表情《ひょうじょう》に加《くわ》え体《からだ》の動《うご》きで表現《ひょうげん》している。

◆笑《わら》う（女性《じょせい》）

口元《くちもと》を手《て》でおおい、歯《は》を見《み》せずに上品《じょうひん》に笑《わら》う。

あら、やだ、
おかしいわね。うふふふ。
1
2

◆泣《な》く女性《じょせい》

着物《きもの》の袖《そで》を目《め》にあてる。

お前《まえ》さんは
くやしく
ないのかい。

●男性落語家《だんせいらくごか》とくらべてみよう
表情《ひょうじょう》はひかえめで、しぐさで悲《かな》しみを表現《ひょうげん》している。

◆お酒《さけ》を飲《の》む
扇子《せんす》を開《ひら》いて大《おお》きな盃《さかずき》に見立《みた》て、飲《の》みほす。

2
1

◉男性落語家《だんせいらくごか》とくらべてみよう
両腕《りょううで》をとじて盃《さかずき》をもつことで、観《かん》客《きゃく》に品《ひん》のよい印象《いんしょう》をあたえている。

2
1

働《はたら》く女性《じょせい》の演技《えんぎ》

伝統的《でんとうてき》な落語《らくご》の物語《ものがたり》では、主人公《しゅじんこう》は男性《だんせい》が中心《ちゅうしん》です。そのため、女性《じょせい》が主人公《しゅじんこう》の落語《らくご》を創作《そうさく》したり（「新作落語《しんさくらくご》」という）、登場人物《とうじょうじんぶつ》を女性《じょせい》にかえる女性落語家《じょせいらくごか》もいます。きく姫師匠《ひめししょう》もそのひとり。師匠《ししょう》の働《はたら》く女性《じょせい》の演技《えんぎ》を見《み》てみましょう。

◆バスガイド
上半身《じょうはんしん》をおこし、やや上《うえ》を見《み》あげながら、笑顔《えがお》で手《て》まねきする。

バックオーライ、バックオーライ！
2
1

◆OL《オーエル》（女性会社員《じょせいかいしゃいん》）
扇子《せんす》を電話《でんわ》に見立《みた》てて、表情豊《ひょうじょうゆた》かに話《はな》す。

はい、こちらキクコーポレーションでございます。

しぐさあてクイズ

きく姫師匠《ひめししょう》が演《えん》じる女性《じょせい》の登場人物《とうじょうじんぶつ》のしぐさをクイズにしてみたよ。①～④は何《なに》をしているのかわかるかな？

①

パタパタ

★ヒント
何《なに》かで自分《じぶん》の顔《かお》をはたいているよ。

②

いっぱい食《た》べなよ。

★ヒント
何《なに》かをよそっているよ。

③

ちこくするよ！

★ヒント
両手《りょうて》でだれかをゆすっているね。

④

ブォー

★ヒント
髪型《かみがた》をチェックしているね。

答《こた》え：①おけしょう　②ご飯《はん》をよそう　③子《こ》どもをおこす　④ドライヤーをつかう

1「平林《ひらばやし》」の読《よ》み方《かた》

「平林」は、江戸落語《えどらくご》では「ひらばやし」、上方落語《かみがたらくご》では「たいらばやし」とよぶ古典落語《こてんらくご》の演目《えんもく》です。10分《ぷん》ほどの短《みじか》い話《はなし》で、若手《わかて》が練習《れんしゅう》するのによくつかうことから「前座噺《ぜんざばなし》」として知《し》られています。

「平林《ひらばやし》」の登場人物《とうじょうじんぶつ》

定吉《さだきち》

商店《しょうてん》で奉公《ほうこう》*する小僧《こぞう》。口《くち》は達者《たっしゃ》だが、忘《わす》れっぽく、まだ文字《もじ》が読《よ》めない。

*商売《しょうばい》や世間《せけん》を学《まな》ぶために商家《しょうか》に住《す》みこみで働《はたら》くこと。

旦那《だんな》さん

定吉《さだきち》が奉公《ほうこう》する商店《しょうてん》のあるじ。定吉《さだきち》に手紙《てがみ》をもっていくようめいじる。

おまわりさん

まちを見回《みまわ》っている最中《さいちゅう》のおまわりさん。

おじさん

道《みち》を歩《ある》いてきた人《ひと》のよい江戸《えど》っ子《こ》。

学生《がくせい》さん

親切《しんせつ》でまじめな青年《せいねん》。

おばあさん

もの知《し》りだが、耳《みみ》と目《め》が不自由《ふじゆう》なおばあさん。

よろず屋《や》の店主《てんしゅ》

定吉《さだきち》と顔見知《かおみし》りの商店《しょうてん》の店主《てんしゅ》。

あらすじ

定吉《さだきち》は、旦那《だんな》さんから「平林（ひらばやし）」さんのところに宛名《あてな》が書《か》かれた手紙《てがみ》を届《とど》けるようにいわれて出《で》かけますが、「ひらばやし」という名前《なまえ》を忘《わす》れてしまいます。そこで、通行人《つうこうにん》に出会《であ》うごとに宛名《あてな》の「平林」の読《よ》み方《かた》をたずねると、「たいらばやし」「ひらりん」「いちはちじゅうのもくもく（一八十の木木）」といった、異《こと》なる答《こた》えが返《かえ》ってきます。こまった定吉《さだきち》は、「たいーらばやしかひらりんかー、いちはちじゅーのもーくもくー、ひとつとやっつでとっきっきー」と、いわれた読《よ》み方《かた》を全部《ぜんぶ》つなげてさけんでみるのですが……。

話《はなし》の展開《てんかい》

「平林《ひらばやし》」の話《はなし》の展開《てんかい》は、次《つぎ》の3つの場面《ばめん》にわけることができます。

場面《ばめん》❶ 定吉《さだきち》が旦那《だんな》におつかいをたのまれる（P12～P17）

旦那《だんな》が定吉《さだきち》に平河町《ひらかわちょう》の「平林《ひらばやし》さん」に手紙《てがみ》を届《とど》けるようにたのむ。定吉《さだきち》はさんざん生意気《なまいき》な口《くち》をきいたあと、まだ文字《もじ》が読《よ》めないことを打《う》ちあけ、名前《なまえ》を忘《わす》れたら届《とど》けられないと旦那《だんな》に伝《つた》える。旦那《だんな》は「ひらばやしさん」ととなえながら歩《ある》くようアドバイスする。

場面《ばめん》❷ 通行人《つうこうにん》たちにたずねる（P18～P28）

旦那《だんな》のアドバイスに納得《なっとく》して出《で》かけた定吉《さだきち》だが、案《あん》の定《じょう》、届《とど》け先《さき》の名前《なまえ》を忘《わす》れてしまう。そこで定吉《さだきち》は、次《つぎ》つぎと通行人《つうこうにん》に手紙《てがみ》の名前《なまえ》を見《み》せては、読《よ》み方《かた》をたずねる。

場面《ばめん》❸ やみくもに歩《ある》く定吉《さだきち》（P28～P30）

通行人《つうこうにん》から教《おし》えてもらった名前《なまえ》のうちのどれかは正《ただ》しいだろうと考《かんが》えた定吉《さだきち》は、すべての名前《なまえ》をさけびながら歩《ある》いていると、顔見知《かおみし》りの人《ひと》に出《で》あう。その人《ひと》の名前《なまえ》は……。

P10～11絵／ウノ・カマキリ

きく姫師匠《ひめししょう》の演技《えんぎ》の工夫《くふう》

きく姫師匠《ひめししょう》は、次《つぎ》のように、登場人物《とうじょうじんぶつ》を演《えん》じわけています。

◆定吉《さだきち》
子《こ》どもっぽく、かんだかい声《こえ》でしゃべる。

◆旦那《だんな》さん
ゆっくりと、落《お》ち着《つ》いた口調《くちょう》。

◆おまわりさん
少《すこ》しえらそうに、かたくるしい口調《くちょう》。

◆おじさん
少《すこ》し早口《はやくち》で、べらんめえ口調《くちょう》。

◆学生《がくせい》さん
ていねいでやさしい口調《くちょう》。

◆おばあさん
ゆっくりと言葉《ことば》をしぼりだすようにしゃべる。

◆よろず屋《や》の店主《てんしゅ》
気安《きやす》い口調《くちょう》で定吉《さだきち》と会話《かいわ》をする。

きく姫版《ひめばん》

せりふとしぐさ

ここからは、きく姫師匠《ひめししょう》の演技《えんぎ》を参考《さんこう》に、実際《じっさい》に「平林《ひらばやし》」を演《えん》じてみましょう。複数《ふくすう》の登場人物《とうじょうじんぶつ》は、顔《かお》の向《む》きや、口調《くちょう》をかえることで、演《えん》じわけます。

※台本《だいほん》の見方《みかた》はP3参照《さんしょう》。

場面《ばめん》 1 定吉《さだきち》が旦那《だんな》におつかいをたのまれる

ざぶとんにすわったらまずおじぎ⬇❶

文字《もじ》というものはおもしろいですね。
とくに、漢字《かんじ》というのはおもしろいんですけど、
たとえば、ひとつの字《じ》で何通《なんとお》りもの
読《よ》み方《かた》をするものがあります。思《おも》いうかべて
いただきたいんですけど、生《う》まれるという字《じ》が
ありますね。あれ、読《よ》み方《かた》をかえると、「生《い》きる」と読《よ》みます。
先《さき》に生《い》きると書《か》くと、今度《こんど》は「先生《せんせい》」と読《よ》みますね。「生《せい》」と読《よ》ませます。
下《した》に蕎麦《そば》という字《じ》をつけますと、「きそば」、「生《き》」と読《よ》むようになるんですね。
で、下《した》にごみという字《じ》をつけると「生《なま》ごみ」と。本当《ほんとう》に、ひとつの漢字《かんじ》で、何通《なんとお》りもの
読《よ》み方《かた》をするという、実《じつ》に漢字《かんじ》というのはおもしろいものでございまして……。

❶ 落語家自身《らくごかじしん》の言葉《ことば》としてしゃべるせりふのマーク。

❶**演《えん》じるポイント**
観客《かんきゃく》を落語《らくご》の世界《せかい》にいざなうために、かんたんな話《はな》しをする。「マクラ」という。

下手《しもて》（自分《じぶん》の右側《みぎがわ》）を向《む》いて⬇②

さだや、定吉《さだきち》。

上手《かみて》（自分《じぶん》の左側《ひだりがわ》）を向《む》いて、少《すこ》し上目《うわめ》づかいで⬇③

へーい、旦那《だんな》、何《なに》かご用《よう》でございますか？

手《て》ぬぐいを手紙《てがみ》に見立《みた》てて定吉《さだきち》にさしだす⬇④

うん。お前《まえ》さんね、すまないがね、この手紙《てがみ》を平河町《ひらかわちょう》に住《す》んでいる平林《ひらばやし》さんのところへ届《とど》けてくれないかな。

少《すこ》し上目《うわめ》づかいで、手紙《てがみ》を両手《りょうて》で受《う》けとり⬇⑤

あー、旦那《だんな》、手紙《てがみ》でございますか。あ、手紙《てがみ》でしたらね、何《なに》もわたくしがね、わざわざ届《とど》けなくてもですね、切手《きって》をはって、ポストに放《ほう》りこめば、すぐに相手先《あいてさき》に届《とど》きますよ。⬇⑥

⑤演《えん》じるポイント
わざわざ相手《あいて》に手紙《てがみ》を届《とど》ける必要《ひつよう》があるのかふしぎに感《かん》じた定吉《さだきち》。少《すこ》しつまらなそうな口調《くちょう》で。

手紙《てがみ》をちらちら目《め》にしながら↓❶

うん。それはお前《まえ》さんのいう通《とお》りなんだが、実《じつ》はこの手紙《てがみ》はね、急《いそ》ぎの用件《ようけん》が書《か》いてある。今《いま》すぐお前《まえ》にもっていってもらって、帰《かえ》りには返事《へんじ》がほしい、大事《だいじ》な手紙《てがみ》だ。早《はや》いとこ、おつかいにいってきてくれないかな。

納得《なっとく》したという表情《ひょうじょう》で、手《て》ぬぐいを受《う》けとる↓❷

あー、さようでございますか。そういう大事《だいじ》な手紙《てがみ》。でしたら、あたしおつかいにいってまいります。

一拍《いっぱく》おいて不安《ふあん》な表情《ひょうじょう》をうかべて

えー、えー……、どこいくんですか？↓❸

だから今《いま》いいましたよ。↓❹

平河町《ひらかわちょう》の平林《ひらばやし》さんのお宅《たく》だ。

大《おお》きな声《こえ》でうれしそうに

あー、平林《ひらばやし》さん、そうでした、そうでした。

うなずいて、旦那《だんな》を見《み》あげながら↓❺

あ、でもね、あの、旦那《だんな》ね、今《いま》あたしね、ちょうど

定吉《さだきち》がおいた手紙《てがみ》を手《て》にとり、「おつかいにいってきてくれないかな。」で、もう一度《いちど》さしだす。

▲両手《りょうて》で手紙《てがみ》をにぎりしめ、緊張《きんちょう》したようす。

手紙《てがみ》をもっている定吉《さだきち》から、もっていない旦那《だんな》のせりふにかわるときは、左手《ひだりて》でさりげなく手紙《てがみ》を下《した》におき、両手《りょうて》はひざの上《うえ》に乗《の》せる。

▲声《こえ》を小《ちい》さくし、旦那《だんな》にちょうど用事《ようじ》をしていたことをうったえる。

❷演《えん》じるポイント

大事《だいじ》な手紙《てがみ》とわかり、使命感《しめいかん》がわいてきた定《さだ》吉《きち》。うれしそうな表情《ひょうじょう》と口調《くちょう》で話《はな》す。

❹演《えん》じるポイント

定吉《さだきち》のようすが少《すこ》しおかしいと感《かん》じた旦那《だんな》。定吉《さだきち》をじっと見《み》つめる。

用事《ようじ》してたんですよ。
おふろに火《ひ》★をつけたばっかりなんです。
もうじきしますとね、湯《ゆ》が
わきあがると思《おも》いますんで、
そしたら、おつかいにいってきますけど。

ああ、お前《まえ》さん用事《ようじ》の途中《とちゅう》だったか。⬇6
そりゃあすまなかったね。
じゃあわたしが、ふろのほうを見《み》とくから、
早《はや》いとこ、おつかいいってきておくれ。

上目《うわめ》づかいで、おどろいた表情《ひょうじょう》で⬇7
ははー、何《なん》です? 旦那《だんな》がおふろを見《み》てくださるの?
あらー、どうもそれはすみません。
それでは、あたし、安心《あんしん》して
おつかいにいってまいります、
ええ、ええ……。

どこいくの?

だから今《いま》いったよ。
ええ、さっきもいった。
あの、平河町《ひらかわちょう》のひらば……。

急《きゅう》に笑顔《えがお》をうかべて
ああ、そうだ。平河町《ひらかわちょう》。
思《おも》いだしました。平河町《ひらかわちょう》、平林《ひらばやし》さん。

6
用事《ようじ》の途中《とちゅう》だったか。
背筋《せすじ》をのばして、定吉《さだきち》におつかいにいくよう命《めい》じる。
せりふをいいはじめるときに、手紙《てがみ》をさりげなくおき、両手《りょうて》はひざの上《うえ》にのせる。
2
1

7
安心《あんしん》しておつかいにいってまいります、
ときどき手紙《てがみ》に目《め》を落《お》とす。
2
3
1
旦那《だんな》がおふろを見《み》てくださるの?
どこいくの?

5 演《えん》じるポイント
ある理由《りゆう》でおつかいにいきたくない定吉《さだきち》。今《いま》とりかかっている用事《ようじ》があることを、旦那《だんな》にうったえる。

★火《ひ》
昔《むかし》のふろはまきをもやしてお湯《ゆ》をわかした。

6 演《えん》じるポイント
定吉《さだきち》が何《なに》かをかくしていると察《さっ》した旦那《だんな》。ふろのようすは自分《じぶん》で見《み》るといって、定吉《さだきち》のようすをうかがう。

7 演《えん》じるポイント
旦那《だんな》がふろを見《み》てくれると聞《き》いて、うれしそうな定吉《さだきち》。しかし、実《じつ》はかくしごとをしていて、落《お》ちつかない。体《からだ》をこきざみに動《うご》かして動揺《どうよう》をかくしているように演技《えんぎ》する。

真顔《まがお》にもどって、軽《かる》くもみ手《て》をしながら

でもね、旦那《だんな》ね。お湯《ゆ》といいますのは、わきすぎますと、あとで水《みず》を埋《う》めたり★、どうのこうので、たいへん手間《てま》がかかりますよ。旦那《だんな》、だいじょうぶですか？

だいじょうぶだよ。ね、だから、早《はや》いとこ、おつかいいってきなさい。➊

笑顔《えがお》をうかべて

ははは、わかりました。ええ、いってきます、おつかい。はい……。

？どこいくんだっけ……？

しかめっつらで

いいかげんにしなさいよ、お前《まえ》さん。忘《わす》れたなら、手紙《てがみ》の表《おもて》をよく見《み》てごらんなさい。➋

「平林様《ひらばやしさま》」と書《か》いてあるだろう。ええ、さっきから何度《なんど》もいってる。

こまった顔《かお》で➌

「平林様《ひらばやしさま》って書《か》いてあるだろう」って、そんな……。

ああ、旦那《だんな》これはひらばやしって読《よ》むんですか。そうですか。ああ、そうですか。

眉《まゆ》をしかめて➍

旦那《だんな》の前《まえ》ですがね、あたくし、字《じ》が読《よ》めないんですよ。

あきれた表情《ひょうじょう》。
早《はや》いとこ、おつかいいってきなさい。
1
2

手紙《てがみ》は定吉《さだきち》がもっているので、旦那《だんな》は手《て》ぶりで「手紙《てがみ》の表《おもて》」をしめす。
手紙《てがみ》の表《おもて》をよく見《み》てごらんなさい。
1
2

▲手紙《てがみ》の文字《もじ》をしげしげながめる。

★**水《みず》を埋《う》める**
湯《ゆ》を冷《さ》ますために水《みず》を入《い》れること。

➊**演《えん》じるポイント**
しびれを切《き》らした旦《だん》那《な》。表《おもて》を指《ゆび》さして、出《で》かけるようにうながす。

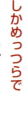

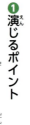

はい。いわゆる無筆《むひつ》★というやつでしてね。あたしのお父《とう》さんも無筆《むひつ》で、
そのまたおじいさんも無筆《むひつ》で、そのおじいさんも無筆《むひつ》で、
先祖代々由緒《せんぞだいだいゆいしょ》ある無筆《むひつ》なんです。

あきれたようすで ⬇5

いばれるもんじゃあないよ。こまっちゃったね、
だからふだんから勉強《べんきょう》しなさいと、
あれほどいっているのに。

じゃあね、いいことを
教《おし》えてあげましょう。
お前《まえ》はね、頭《あたま》にいろんな
ことを思《おも》いうかべるから、
ひとつの大切《たいせつ》なことを
忘《わす》れてしまうんだよ。いいかい、口《くち》に出《だ》して、
くりかえし、「ひらばやしさん、ひらばやしさん」って
いいながら、歩《ある》いていきなさい。⬇6
そうすれば、忘《わす》れることはあるまい。

5

目《め》を大《おお》きく見開《みひら》いて、しだいに笑顔《えがお》で

あー、なるほどー、旦那《だんな》は頭《あたま》が
いいですねえ。ひらばやしさんと
いいながら、歩《ある》いていけば
いいんですか。わかりました。
その通《とお》りにしていきますんでね。
あとはどうぞよろしくお願《ねが》いします。

目《め》をとじて、「ひらばやしさん、ひらばやしさん」とくりかえすのにあわせて手《て》をふる。
6

先祖《せんぞ》をさかのぼるごとに1、2、3と、少《すこ》しずつ手《て》を上《うえ》にのばしていく。「先祖代々《せんぞだいだい》……」のところでは、ぎゃくに3、2、1と、手《て》をさげていく。
3
2
1
4
お父《とう》さんも無筆《むひつ》で、
そのまたおじいさんも無筆《むひつ》で、
そのおじいさんも無筆《むひつ》で、
先祖代々由緒《せんぞだいだいゆいしょ》ある無筆《むひつ》なんです。

★**無筆《むひつ》**
文字《もじ》の読《よ》み書《か》きができないこと。江戸時代《えどじだい》の庶民《しょみん》には、無筆《むひつ》の人《ひと》もいた。

⑥**演《えん》じるポイント**
定吉《さだきち》がかくしていたことを聞《き》きだすことによようやく成功《せいこう》した旦那《だんな》。あきれながらも、やさしく定吉《さだきち》にアドバイスをする。

場面《ばめん》 2 通行人《つうこうにん》たちにたずねる

旦那《だんな》はいいことを教《おし》えてくれましたよ。

手紙《てがみ》を手《て》にして歩《ある》きながら⬇❶

😊なるほどね。
旦那《だんな》はいいことを教《おし》えてくれましたよ。
ひらばやしさんって、いいながら歩《ある》いていきなって。

リズムよく。だんだんと楽《たの》しくなって大声《おおごえ》になる⬇❷

😊ひらばやし、ひらばやし、
♬あ、ひらばやしったらひらばやし。
♬あ、ひらばやしったらひらばやし……。

下手《しもて》を見《み》て

😐あ、これこれこれこれ。

😊ああ、どうも。おまわりさん。
ご苦労様《くろうさま》です。

おどろいたようすで⬇❸

😮どうもじゃないよ、
ええ。お前《まえ》さん、どこを
見《み》て歩《ある》いてるんだ。
信号《しんごう》が赤《あか》ですよ。
よそ見《み》をして、
飛《と》びだそうとして。

旦那《だんな》はいいことを教《おし》えてくれましたよ。
手紙《てがみ》は大事《だいじ》そうに両手《りょうて》でもつ。

♬あ、ひらばやしったら
ひらばやし……。
満面《まんめん》の笑《え》みをうかべる。

かたくるしい表情《ひょうじょう》で。
どこを見《み》て歩《ある》いてるんだ。信号《しんごう》が赤《あか》ですよ。
「信号《しんごう》が赤《あか》ですよ。」のところで、信号《しんごう》を指《ゆび》さす。
手紙《てがみ》はわきへおく。

❶演《えん》じるポイント
体《からだ》をリズムよく左右《さゆう》にふって歩《ある》くしぐさをする。

❷演《えん》じるポイント
リズムにあわせて、体《からだ》を❶よりも大《おお》きく左右《さゆう》にふる。

😑お前《まえ》さんみたいな、よそ見《み》をしている人《ひと》がいるから、交通事故《こうつうじこ》というものがおきますよ。いいですか、信号《しんごう》は赤《あか》でとまって、青《あお》で歩《ある》く。「赤《あか》どまりの青歩《あおある》き」⬇4 これを覚《おぼ》えておきなさいよ。

😊わかりました。

おじぎをして

😊どうもありがとうございます。

歩《ある》きだしながら

😊ふふ、おまわりさんは親切《しんせつ》だね。信号《しんごう》は赤《あか》でとまって青《あお》で歩《ある》く。「赤《あか》どまりの青歩《あおある》き」、なるほど。

テンポよく、「ひらばやし」とくりかえしていた口調《くちょう》で⬇5

😊♬信号《しんごう》は、赤《あか》どまりの青歩《あおある》き。♬あ、信号《しんごう》は、赤《あか》どまりの、青歩《あおある》きさーん……。

ふと疑問《ぎもん》に思《おも》って立《た》ちどまり、手紙《てがみ》の表《おもて》に目《め》を落《お》とす

❓ん？　ちがうよ。青歩《あおある》きさんじゃあないよ。

片手《かたて》で頭《あたま》をかかえて⬇6

😵よわっちゃったなあー。おまわりさんがさっき余計《よけい》なことをいうから、忘《わす》れちゃったよ。どこいくんだっけ。思《おも》いだせないとこまっちゃうよ。

▲まちがえていることに気《き》がつかず、笑顔《えがお》で話《はな》す。

「赤《あか》どまりの」で手《て》を顔《かお》の前《まえ》にあげ、「青歩《あおある》き」で手《て》を前方《ぜんぽう》へのばす。

思《おも》いだそうとして、ちゅうを見《み》つめる。

手紙《てがみ》に目《め》を落《お》とす。

5 演《えん》じるポイント

「ひらばやしったらひらばやし」とくりかえしていたのと同《おな》じリズムで、「赤《あか》どまりの青《あお》歩《ある》き」というせりふをくりかえす。

通行人《つうこうにん》を見《み》て、手紙《てがみ》に目《め》を落《お》とす

あ、ちょうどいいよ。向《む》こうからおじさんが歩《ある》いてきた。あの人《ひと》に聞《き》いてみようかな。

上手《かみて》を見《み》て大《おお》きな声《こえ》で➊

すみません、すみませーん。

ちょっと、ものをうかがいたいんですが。

下手《しもて》を見《み》て

はい。何《なに》か用《よう》？

ええ。手紙《てがみ》の表《おもて》が読《よ》めなくて、ちょっとこまってるんですけど、読《よ》んでいただけますか。➋

おどろいた表情《ひょうじょう》で手紙《てがみ》を受《う》けとる➌

お前《まえ》さん字《じ》が読《よ》めないの。

あらー、めずらしいね今《いま》どき。無筆《むひつ》？➍

手紙《てがみ》に目《め》を落《お》として

いいですよ。読《よ》んであげるよ。読《よ》んであげるけど、こんなかんたんな字《じ》も読《よ》めないのかい。しょうがないねえ。

ええ、いいかい。じゃあ読《よ》むよ。

えー、これはね、一番上《いちばんうえ》の字《じ》が……。

ひざを軽《かる》くたたいてから、得意《とくい》げな表情《ひょうじょう》で➎

平清盛《たいらのきよもり》の「たいら」だね。で、下《した》が、

すみませーん。
ちょっと、ものをうかがいたいんですが。
相手《あいて》の注意《ちゅうい》を引《ひ》くため、体《からだ》をかたむけてよびかける。
目線《めせん》は遠《とお》くに向《む》ける。
1
2
手《て》は表《おもて》の文字《もじ》を指《ゆび》さしたまま。

読《よ》んでいただけますか。

▲両手《りょうて》でもっていた手紙《てがみ》を、左手《ひだりて》でさしだす。

字《じ》が読《よ》めないの。
1
2
「おじさん」のせりふをいう直前《ちょくぜん》に、胸《むね》の前《まえ》で手紙《てがみ》をすばやくもちかえる。

あらー、めずらしいね今《いま》どき。
2
1
❸で右手《みぎて》にもちかえた手紙《てがみ》を、「あらー……」ですぐに左手《ひだりて》にもちかえる。

❸演《えん》じるポイント

定吉《さだきち》が❷で手紙《てがみ》をさしだした左手《ひだりて》から、すばやく右手《みぎて》に手紙《てがみ》をもちかえ、受《う》けとるしぐさをする。

❹演《えん》じるポイント

めずらしい人《ひと》と出《で》あい、うれしそうな表情《ひょうじょう》をうかべて、指《ゆび》をさす。

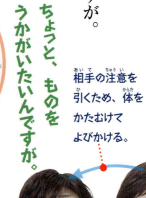

あー「はやし」だね。「たいらばやし」さんだよ。

笑顔《えがお》で手紙《てがみ》を受《う》けとる

😊あ、たいらばやしさん！
どうもありがとうございます。

歩《ある》きだしながら、テンポよく⬇❻

😊♬たいらばやし、たいらばやし、たいらばやし、
♬あ、たいらばやし、たいらばやし、たいらばーやし。
あ、たいらばやしさーん。

納得《なっとく》がいかない表情《ひょうじょう》で

❓何《なに》か似《に》ているけどな、ちょっとちがう気《き》がするな。
たいらばやしじゃない。たいらばやしじゃないんだよ。

歩《ある》きながら眉《まゆ》をしかめて⬇❼

😖似《に》ているけどちがうんだよ。何《なん》て読《よ》むんだったっけな。
何《なん》で思《おも》いだせないかな。こまっちゃったな、これは。

上手《かみて》の遠《とお》くを見《み》つめて

😐あ、ちょうどいいや。
今度《こんど》は学生《がくせい》さんが
やってきたよ。

しだいに笑顔《えがお》になりながら

😊学生《がくせい》さんはね、
ふだんから勉強《べんきょう》してるよ。
こんな字《じ》なんか、わけないよ。
ちょっと聞《き》いてみようかな。

「たいら」だね。
「たいらばやし」さんだよ。
5
2
1
もったいぶったようすで文字《もじ》を読《よ》みあげる。
手紙《てがみ》を定吉《さだきち》に返《かえ》す。

♬たいらばやし、
♬たいらばやし、
歩《ある》くしぐさ。
6

何《なん》て読《よ》むんだったっけな。
何《なん》で思《おも》いだせないかな。
歩《ある》くしぐさ。
7

❻演《えん》じるポイント
「たいらばやし、たいらばやし、たいらばーやし」と節《ふし》をつけてテンポよく。テンポは自《じ》分《ぶん》で工夫《くふう》してもおもしろい。

上手《かみて》を見《み》て

😐すみませーん。学生《がくせい》さーん。すみませーん。

下手《しもて》を見《み》て

😐はい、はい、はい。何《なに》かわたしに、ご用《よう》ですか？

うれしそうに笑顔《えがお》で。その後《ご》、こまった表情《ひょうじょう》をうかべながら

😊はい。実《じつ》はですね、

😵手紙《てがみ》の表《おもて》の字《じ》が何《なん》て書《か》いてあるか読《よ》めないんですが、読《よ》んでいただけますか。

手紙《てがみ》を受《う》けとりながら

😊おやすいご用《よう》ですよ。読《よ》んでさしあげます。ああ、これですね。ええと、まずわたくしですがね、今学生《いまがくせい》の身分《みぶん》ですが、学校《がっこう》を卒業《そつぎょう》すると会社《かいしゃ》というものに入《はい》ります。⬇❶で、会社《かいしゃ》に入《はい》りますと、まず最初《さいしょ》になる身分《みぶん》が「平社員《ひらしゃいん》★」というものです。ですから、この一番上《いちばんうえ》の字《じ》は、平社員《ひらしゃいん》の「ひら」。⬇❷で、下《した》が、あー「りん」ですね。ひらりんさん。⬇❸

笑顔《えがお》で、手紙《てがみ》を両手《りょうて》で受《う》けとる

😊ひらりんさん！　どうもありがとうございます。

この
一番上《いちばんうえ》の字《じ》は、
平社員《ひらしゃいん》の「ひら」。
❷

▲手紙《てがみ》の「平《ひら》」の字《じ》を指《ゆび》さしながら話《はな》す。

❸
ひらりんさん。
1
2
3
名前《なまえ》を読《よ》んだら
すかさず手紙《てがみ》を
右手《みぎて》にもちかえ、
定吉《さだきち》に返《かえ》す。

「学生《がくせい》さん」は
まじめな表情《ひょうじょう》。
❶
まずわたくし
ですがね、……
会社《かいしゃ》というものに
入《はい》ります。
1
2
「まずわたくし
ですがね、……」で、
自分《じぶん》の胸《むね》に手《て》をあてる。
「会社《かいしゃ》というものに
入《はい》ります。」で、
手《て》を前《まえ》に出《だ》す。

★平社員《ひらしゃいん》
特別《とくべつ》な役職《やくしょく》についていない一般《いっぱん》の社員《しゃいん》のこと。

❺演《えん》じるポイント
言葉《ことば》のひびきがおもしろい定吉《さだきち》。思《おも》わずポーズをつくって遊《あそ》んでしまう。子《こ》どもらしい明《あか》るい笑顔《えがお》で演《えん》じる。

笑顔《えがお》で、左右《さゆう》に首《くび》をふりながら、
体《からだ》を上下《じょうげ》に動《うご》かし歩《ある》いている演技《えんぎ》➡4

♬ひらりん、ひらりん、
ひらひらりん。
♬あ、ひらりん、ひらりん、
ひら、ひらりーん。➡5

笑顔《えがお》から、ふと我《われ》に返《かえ》って

って、何《なん》かずいぶん
軽《かる》がるしい名前《なまえ》に
なっちゃったね。
飛《と》んでっちゃいそうだな。

こまった表情《ひょうじょう》で、手紙《てがみ》に目《め》を落《お》としながら➡6

ひらりんじゃないよな、ひらりんじゃ。
ひらりんじゃなくて、マンドリン。
いや、マンドリンは楽器《がっき》だな。
マンドリン、トランポリン。
マンドリンとトランポリンは仲間《なかま》。
いや、仲間《なかま》じゃないよ。え、リンリン、
カンカン、ランラン★……。
何《なん》だかわからなくなって
きちゃったな。こまっちゃったな。
何《なん》て読《よ》むんだったかな。
思《おも》いだせないと、どこにいくんだか、
さっぱりわからない。

いかにも
楽《たの》しそうな表情《ひょうじょう》で。
♬ひらりん、
♬ひらりん、
4
体《からだ》を左右《さゆう》にふって道《みち》を
見《み》わたしながら歩《ある》く。
はずむように体《からだ》を上下《じょうげ》
に動《うご》かす、歩《ある》く演技《えんぎ》も
同時《どうじ》におこなう。

ひらりんじゃなくて、
マンドリン。
マンドリン、
トランポリン。
リンリン、
カンカン、
ランラン……。
何《なん》だかわからなく
なってきちゃったな。
6
1
2
3
4
5

ひら、ひらりーん。
5
体《からだ》を横《よこ》に大《おお》きく
かたむける。
1
2

6 演《えん》じるポイント
いろんなこまった表情《ひょうじょう》で笑《わら》いをさそう演技《えんぎ》の見《み》せどころ。「マンドリン」「リンリン、カンカン、ランラン」以外《いがい》にもアドリブででたらめな名前《なまえ》を入《い》れてもよい。

★**リンリン、カンカン、ランラン**
中国《ちゅうごく》から東京《とうきょう》の上野動物園《うえのどうぶつえん》にやってきたジャイアントパンダの名前《なまえ》。

上手《かみて》をふと見《み》て、向《む》こうを歩《ある》く人物《じんぶつ》に気《き》がついて、はっとした表情《ひょうじょう》⬇❶

あ、ちょうどいいよ。今度《こんど》は
おばあさんがあっちから歩《ある》いてきたよ。
おばあさんはだてに
歳《とし》とってるわけじゃあないよ。
ものごとを何《なん》だって知《し》ってるんだよ。
おばあさんの知恵袋《ちえぶくろ》っていうからな。
ちょっと聞《き》いてみようかな。

腰《こし》をかがめて、口《くち》の横《よこ》に手《て》をそえて⬇❷

すみません。おばあさーん。すみま……。

聞《き》こえづらそうな表情《ひょうじょう》。だみ声《ごえ》で⬇❸

ええ？ 何《なに》かいったかな？

一言《ひとこと》ずつはっきりと、大《おお》きな声《こえ》で

すみません、おばあさん。
て・が・み・の・お・も・て・の・じ・を・
よ・ん・で・い・た・だ・け・ま・す・か？

目《め》をつぶって、下向《したむ》き加減《かげん》

……夏《なつ》でもむれない
シルクサポーターを
つけております。

上手《かみて》を向《む》いて、前《まえ》に乗《の》りだしながら

そんなこと聞《き》いているんじゃないんですよ、

ええ？
何《なに》かいったかな？
やや下向《したむ》き加減《かげん》で
目《め》をしばたく。
❸
胸《むね》を前《まえ》に出《だ》し、背《せ》をまるめる。
手《て》は自分《じぶん》の胸《むね》にあてる。

おばあさんが
あっちから
歩《ある》いてきたよ。
おばあさんの
知恵袋《ちえぶくろ》っていうからな。
❶
1
2

おばあさーん。
すみま……。
❷
2
1
口《くち》に手《て》をあてて
よびかける。

❶演《えん》じるポイント
おばあさんを発見《はっけん》し、こまった表情《ひょうじょう》から、一《いっ》転明《てんあか》るい表情《ひょうじょう》に。期待《きたい》をこめた声《こえ》でしゃべる。

❹演《えん》じるポイント
おばあさんのおとぼけについていけなくて、困惑《こんわく》する定吉《さだきち》。あたふたと、あわてたようすで話《はな》しかける。

おばあさん。あの、手紙《てがみ》の表《おもて》の字《じ》を……。↓❹

目《め》をつぶって下手《しもて》を向《む》いて↓❺

ああ、手紙《てがみ》……。

ああ、ふふふ。久《ひさ》しぶりじゃのう。
手紙《てがみ》なんぞをもろてなあ。
若《わか》いころはよく、
恋文《こいぶみ》なんぞをもろて……。
うう、ゲンさんは
元気《げんき》か？

そんなこと
聞《き》いてないですよ。
手紙《てがみ》の表《おもて》の字《じ》を……。

下手《しもて》を見《み》て

ああ、手紙《てがみ》の字《じ》……。

手紙《てがみ》に目《め》をやり、少《すこ》し顔《かお》を遠《とお》ざけ、しばしば見《み》てゆっくりしゃべる

ああー、これは何《なん》ですな。ああ、一番上《いちばんうえ》の字《じ》が、
あー、横棒《よこぼう》を引《ひ》っぱって、「一《いち》」。↓❻
その下《した》が、ちょん、ちょんと、「八《はち》」。
その下《した》が「十《じゅう》」と書《か》いてあるから
これは……「いちはちじゅうのもくもく★」。↓❼

笑顔《えがお》で、手紙《てがみ》を受《う》けとる

ありがとうございます。

❺
ああ、手紙《てがみ》……。
▲おばあさんの動《うご》きは、ゆっくりと、小《ちい》さめに。

❹
そんなこと聞《き》いていないんですよ、あの、手紙《てがみ》の表《おもて》の字《じ》を……。
えんりょぎみの表情《ひょうじょう》でおばあさんを見《み》つめる。
1
2
2
1
「そんなこと……」で右手《みぎて》を前《まえ》に出《だ》しながら、左手《ひだりて》で手紙《てがみ》をもち、「手紙《てがみ》の表《おもて》の……」で手紙《てがみ》をもちあげ、両手《りょうて》でさしだす。

❻
横棒《よこぼう》を引《ひ》っぱって、「一《いち》」。
老眼《ろうがん》のおばあさん。手紙《てがみ》を目《め》からはなれたところでもつ。
漢字《かんじ》の「一《いち》」を指《ゆび》で大《おお》きく書《か》く。
2
1

❼
▲背《せ》をまるめたまま手紙《てがみ》を返《かえ》す。

❻演《えん》じるポイント
「一《いち》」だけでなく、「八《はち》」と「十《じゅう》」も、せりふをいいながら、指《ゆび》で大《おお》きく書《か》く。

★いちはちじゅうのもくもく
「平林《ひらばやし》」→「一《いち》、八《はち》、十《じゅう》、木《もく》、木《もく》」と漢字《かんじ》を分解《ぶんかい》して読《よ》んでいる。

歩《ある》く演技《えんぎ》をしながら、テンポよく⬇1

♪いちはちじゅーのもーくもく。あ、いちはちじゅーの……。

我《われ》に返《かえ》って。顔《かお》をしかめる⬇2

もくもくって、何《なん》かけむりみたいになっちゃったね。
ええ、こんな長《なが》たらしい名前《なまえ》じゃなかったよ。よわっちゃったな。
だんだん、だんだん、ちがう方《ほう》にいくような気《き》がするんだけどな……。

まわりを見《み》わたすと

あ、そうこうしているうちに、いつもくる
よろず屋《や》★さんの前《まえ》に出《で》ましたね。
ここのご主人《しゅじん》に聞《き》いてみようかな。

上手《かみて》を向《む》いて、店《みせ》のなかをのぞきこむ

すみませーん、
ごめんくださーい。ご主人《しゅじん》。

下手《しもて》を見《み》て⬇3

ああ、どうもどうも、いらっしゃい。
定吉《さだきち》さん。どうしました。ええ、何《なに》を買《か》いにきましたか？

上手《かみて》を見《み》て⬇4

いやいや、今日《きょう》は買《か》い物《もの》じゃないんです。
実《じつ》はね、手紙《てがみ》の表《おもて》の字《じ》が読《よ》めなくて、すごくこまってた
ところだったんです。読《よ》んでいただけますか。

おどろいた表情《ひょうじょう》で

あら、何《なに》、定吉《さだきち》さん、字《じ》が読《よ》めないの。めずらしいねえ。

よわっちゃったな。
2
▲歩《ある》きながらの演技《えんぎ》なので体《からだ》を左右《さゆう》にゆらす。

♪いちはちじゅーのもーくもく。
1
肩《かた》を上下《じょうげ》にゆらしながら、左右《さゆう》に顔《かお》をふる。

4
▲やや上《うえ》を見《み》て手紙《てがみ》をさしだす。

3
定吉《さだきち》さん。どうしました。
店《みせ》のなか（上手《かみて》）から外《そと》（下手《しもて》）の定吉《さだきち》を見《み》て声《こえ》をかける。

★よろず屋《や》
何《なん》でも売《う》っている雑貨《ざっか》屋《や》さんのこと。

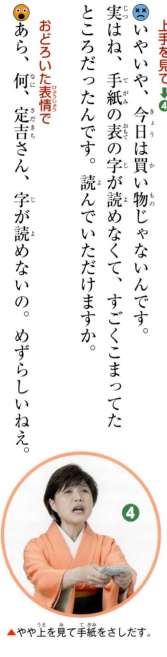

手紙《てがみ》を見《み》てから、うれしそうな表情《ひょうじょう》で定吉《さだきち》を見《み》る

あ、こんなかんたんな字《じ》。
何《なに》？　ええ、今《いま》までいろんな人《ひと》に聞《き》いてきた。
いちばん最初《さいしょ》の人《ひと》が「たいらばやし」。ほう。
で、次《つぎ》が「ひらりん」。ほう。➡❺
で、次《つぎ》が？　いちはちじゅうのもくもく。

ふきだす➡❻

はっはっは。

手《て》をあげる

いやいや、笑《わら》って
すまなかったねえ。
いや定吉《さだきち》さんの前《まえ》だけどね、
字《じ》というのは実《じつ》にむずかしいよ。
うん。ひとつの字《じ》を何通《なんとお》りもの
読《よ》み方《かた》をするよ。そうかんたんには読《よ》めない。
そう、字《じ》というのを、むずかしく、かたくるしく
読《よ》んではいけないね。やわらかーく、やわらかく、
かんたんに、かわいらしく読《よ》まなくちゃいけないね。
さっき、おばあさんがいった、いちはちじゅうのもくもく？
そう、きついいい方《かた》で、字《じ》をとめちゃあいけない。
「いち」ってきついでしょ。やわらかくいうと「ひとつ」になるよ。➡❼
だから、これを上《うえ》から読《よ》んでいくと「いち」ではなくて「ひとつ」ね。
で、「はち」、そういういい方《かた》はしないよ。「やっつ」。
ね、やわらかいよね。

❻
はっはっは。

▲おかしな読《よ》み方《かた》を聞《き》いて、思《おも》わず声《こえ》に出《だ》して笑《わら》う。

最初《さいしょ》の人《ひと》が「たいらばやし」。
ほう。
❺
手紙《てがみ》と定吉《さだきち》の顔《かお》をこうごに見《み》ながら話《はな》す。

「いち」ってきついでしょ。
「きつい」という表情《ひょうじょう》をつくる。
1
❼
やわらかくいうと「ひとつ」になるよ。
「ひとつ」という際《さい》には表情《ひょうじょう》をやわらげる。
2
指《ゆび》で「一《いち》」の字《じ》を書《か》く。
指《ゆび》で「ひとつ」と書《か》く。

❼演《えん》じるポイント
「ひとつ」だけでなく、「やっつ」と「とお」も、同《おな》じように演《えん》じる。

で「じゅう」ってきついいい方《かた》をしないよ。
「とお」っていうね。
手紙《てがみ》を見《み》て、ひといきで、自信満《じしんまん》まんにいいはなつ
だからこれは、「ひとつとやっつでとっきっき」。↓1

場面《ばめん》3 やみくもに歩《ある》く定吉《さだきち》

うれしそうに
はっ、ありがとうございます。
体《からだ》を上下《じょうげ》にゆらしながら、テンポよく。笑顔《えがお》で
♪ひとつとやっつでとっきっき。
♪ひとつとやっつでとっきっき。
♪ひとつとやっつでとっきっき！
真顔《まがお》にもどったあとに、こまった表情《ひょうじょう》
何《なん》だか、キーキー、キーキー、
おさるさんみたいになっちゃったな……。
よわっちゃったな。どれがほんとうなんだか。
でも、どれもあたってない気《き》がするなあ。
ふと気《き》がついて↓2
あ、そうか。いいところに気《き》がついたよ！　今《いま》までね、
4人《にん》の人《ひと》に聞《き》いてきたよ。字《じ》だって、表《おもて》に向《む》ければ

「ひとつとやっつでとっきっき」
1
帳場《ちょうば》（値段《ねだん》を計算《けいさん》したりする場所《ばしょ》）から定吉《さだきち》に手紙《てがみ》をわたすため、大《おお》きく前《まえ》に乗《の》りだす。
1
自信《じしん》に満《み》ちた表情《ひょうじょう》で、定吉《さだきち》にいきおいよく手紙《てがみ》を返《かえ》す。
2

今《いま》までね、4人《にん》の人《ひと》に聞《き》いてきたよ。
2
あ、そうか。
1
2

▲何《なに》かをひらめいた表情《ひょうじょう》で。「あ、そうか」で指《ゆび》をたて、「4人《にん》の人《ひと》に……」で「4」と手《て》でしめす。

「あ、その名前《なまえ》はわたしのことだ」
2
だれかが手《て》をあげて、名《な》のりでてくれる場面《ばめん》を想像《そうぞう》している。
3
1
手紙《てがみ》の表《おもて》を見《み》せる。

ちゃんと書《か》いてあるんだ。これをいいながら、歩《ある》いていけば、そのうち道《みち》いく人《ひと》のなかで、「あ、その名前《なまえ》はわたしのことだ」なんて、手《て》をあげてくれる人《ひと》がいるよ。⬇③

ああ、そうにちがいないよ。そうだそうだ。じゃあ、いいながら歩《ある》いていこう。

思《おも》いだしながら⬇④

はな★が、「たいらばやし」さん。よーし。

♬たいーらばやしか、ひらりんかー、いちはちじゅーのもーくもくー、ひとつとやっつでとっきっきー。

自分《じぶん》でふきだしながら⬇④

ふふ、楽《たの》しくなってきちゃった。

♬たいーらばやしか、ひらりんかー、いちはちじゅーのもーくもくー、ひとつとやっつでとっきっきー。

ふと後《うし》ろをふりかえっておどろく⬇⑤

って、ずいぶん子《こ》どもがついてきちゃったね。これ。ええ、あっちいってくださいよ。

こまりぎみな表情《ひょうじょう》と声《こえ》で

別《べつ》にこれ、紙芝居《かみしばい》やろうというんじゃないんですから……。何《なん》かなさけなくなってきちゃった……。⬇⑥

泣《な》き声《ごえ》で

たいーらばやしか、ひらりんかー、いちはちじゅーのもーくもくー、ひとつとやっつでとっきっきー。

⑤

1
2
▲手紙《てがみ》の表《おもて》を見《み》せながら上半身《じょうはんしん》をおこして後《うし》ろをふりかえる。

④

キョロ
キョロ
♬たいーらばやしか、
ひらりんかー、
いちはちじゅーの
もーくもくー、
ひとつと
やっつで
とっきっきー。

⑥
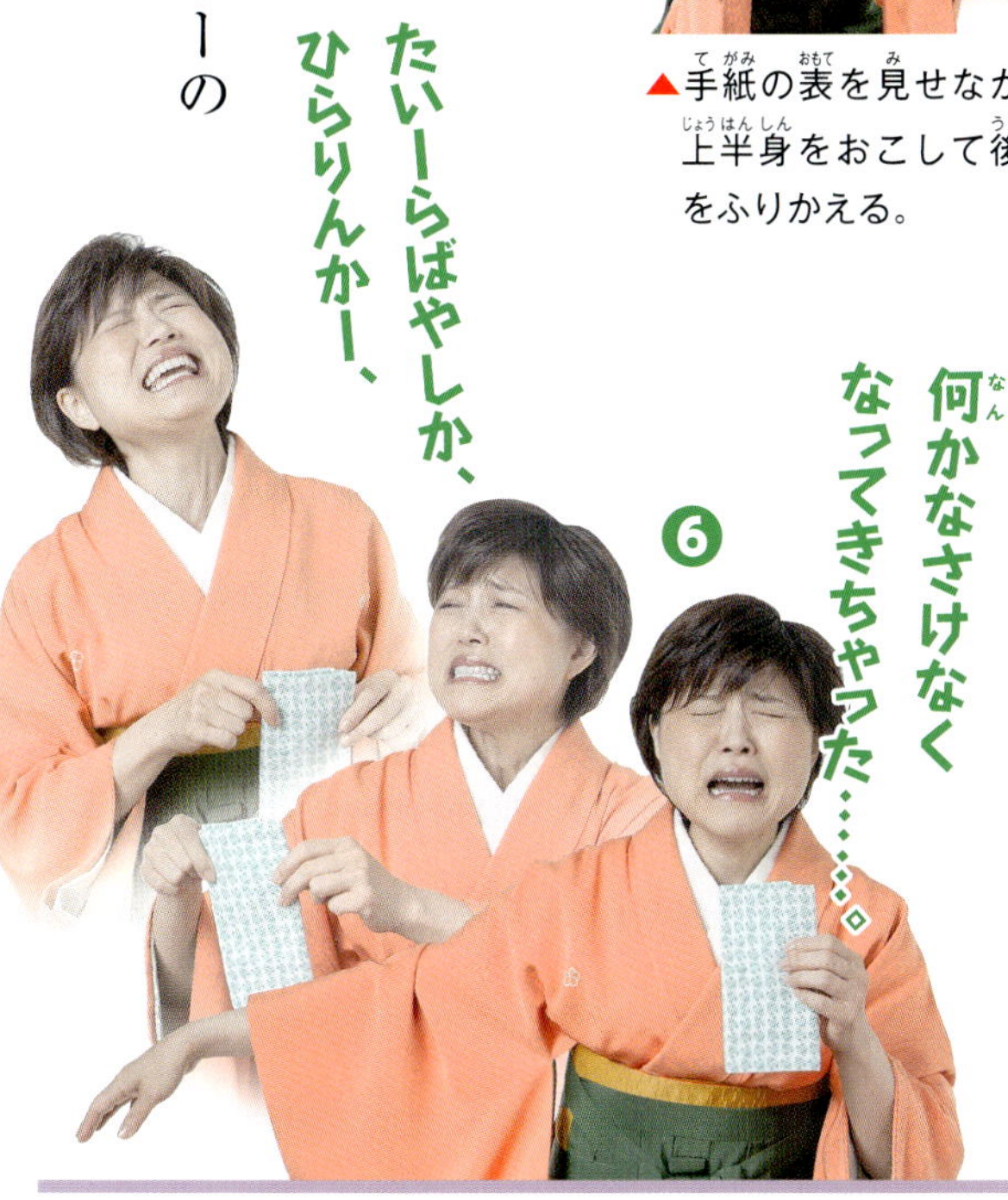
たいーらばやしか、
ひらりんかー、
何《なん》かなさけなく
なってきちゃった……。

④演《えん》じるポイント
今《いま》まで聞《き》いた名前《なまえ》のすべてを口《くち》にしながら歩《ある》く定吉《さだきち》。通《とお》りの人《ひと》の反《はん》応《のう》を観察《かんさつ》しながら歩《ある》くため、キョロキョロと左右《さゆう》を見《み》わたしながら歩《ある》く。いろいろな表情《ひょうじょう》をつくって、人《ひと》の反応《はんのう》をうかがう。

★はな
一番最初《いちばんさいしょ》のこと「端《はな》」。

⑥演《えん》じるポイント
楽《たの》しいと感《かん》じていたはずが、自分《じぶん》が見《み》せ物《もの》になっていることに気《き》がつき、急《きゅう》に不安《ふあん》になる。しかし、手紙《てがみ》を届《とど》けなくてはいけないと考《かんが》える定吉《さだきち》。せりふはじょじょに泣《な》き声《ごえ》にかわっていく。次《つぎ》のせりふは泣《な》き声《ごえ》ながらも、手紙《てがみ》はしっかりもつ。

下手《しもて》を見《み》て ↓❶

あらー。何《なん》だろうね、向《む》こうから
キーキーキーさけびながら
歩《ある》いてくるやつがいるよ。気持《きも》ちが悪《わる》い……。

あら！　だれかと思《おも》ったら定吉《さだきち》さんじゃ
ありませんか。おーい、定吉《さだきち》さん。↓❷

こまった表情《ひょうじょう》のまま上手《かみて》を見《み》る ↓❸

ああ、どうも。ひらばやしさん。

❸演《えん》じるポイント

名前《なまえ》をさけぶことにひっしの定吉《さだきち》。目《め》の前《まえ》にいる人《ひと》が、手紙《てがみ》を届《とど》けるべき「平林《ひらばやし》さん」であることに、最後《さいご》まで気《き》がつかない。「ああ、どうも。ひらばやしさん。」とあいさつをしたらすかさず頭《あたま》をさげる。

さくいん

あ行《ぎょう》

か行《ぎょう》

さ行《ぎょう》

た行《ぎょう》

な行《ぎょう》

は行《ぎょう》

ま行《ぎょう》

や行《ぎょう》

ら行《ぎょう》

わ行《ぎょう》

■ 監修／林家きく姫（はやしや・きくひめ）
1970年、東京都生まれ。1987年に林家木久蔵（現・木久扇）に入門。同年初高座。1991年、二つ目に昇進。2001年、東京の女性落語家としては4人目の真打に昇進。古典落語を得意とし、女性の視点をまじえた演出をほどこし、好評を得ている。ワークショップや学校寄席等の子ども向け落語教室にも力を入れている。また、2000年より、テレビ朝日・東京都提供番組「東京サイト」のナビゲーターを務める。落語以外にも多方面で活躍中。

■ 出演／林家きく姫

■ 編・著／こどもくらぶ
あそび・教育・福祉・国際分野で、毎年100タイトルほどの児童書を企画、編集している。

■ 企画・制作・デザイン／株式会社エヌ・アンド・エス企画
吉澤光夫

■ 撮影／福島章公

■ イラスト／ウノ・カマキリ

■ 写真協力（五十音順）
桂右團治、
古今亭菊千代、
三遊亭歌る多、
ちりとてちん杯全国女性落語大会実行委員会
露の都、
トヨタアート、
林家木久扇

この本の情報は、特に明記されているもの以外は、2015年10月現在のものです。

学校《がっこう》寄席《よせ》に挑戦《ちょうせん》！ 林家《はやしや》きく姫《ひめ》のみんなが元気《げんき》になる女性落語家《じょせいらくごか》入門《にゅうもん》

2015年11月30日　初版第1刷発行　NDC779

発行者　竹内淳夫
発行所　株式会社 彩流社
〒102-0071 東京都千代田区富士見2-2-2
電話　03-3234-5931
FAX　03-3234-5932
E-mail　sairyusha@sairyusha.co.jp
http://www.sairyusha.co.jp

印刷・製本　凸版印刷株式会社

※落丁、乱丁がございましたら、お取り替えいたします。
※定価はカバーに表示してあります。

280×210mm　32p
ISBN978-4-7791-5018-0　C8376